Larissa C. Daub

Die neuen Führungskräfte

Die Relevanz pädagogischer Kompetenzen als zukunftsorientierte Führungskraft

Vorwort der Autorin

Die vorliegende Lektüre habe ich im Zuge meines Studiums der Erziehungswissenschaften (Pädagogik) an der Johann Wolfgang von Goethe – Universität in Frankfurt am Main verfasst und soll einen kleinen Einblick in das breite thematische Spektrum dieses Studiengangs ermöglichen. Ich bin davon überzeugt, dass es vielen Menschen und insbesondere Abiturient*innen so geht, wie es mir damals ging: Ich assoziierte die Begriffe „Pädagogik" und „Erziehung" lediglich mit der Kindheit und dem Jugendalter und schloss es deshalb sofort für mich als Studium aus – Ich überlas es förmlich, als ich mich auf diversen Internetseiten und Studienratgebern nach einem passenden Studiengang erkundigte. Für mich war unterbewusst klar, dass ich früher oder später mit Erwachsenen arbeiten wollte. Entschieden habe ich mich jedoch zunächst dafür Gymnasiallehramt in meiner damaligen Heimat an der Technischen Universität in Kaiserslautern zu studieren, da es eine der wenigen Sozialwissenschaftlichen Studienangebote in Kaiserslautern war und ich an meiner damaligen Schule tolle Erfahrungen mit meinen Lehrer*innen gemacht habe.

Dort hatte ich dann die ersten Berührungspunkte mit der pädagogischen Disziplin und verliebte mich von dort an regelrecht in sie. Sie beinhaltete alle Thematiken, für die ich mich eh und je begeistert und interessiert hatte: Lernen, Bildung, Persönlichkeitsentwicklung, der Lebenslauf und die Veränderung. Aber vor allem wurde mir bewusst, dass es sich hierbei – auch wenn der Name der Disziplin etwas anderes vermuten lässt – um eine Disziplin handelt, die sich mit ALLEN Lebensaltern beschäftigt, also auch das Erwachsenenalter (auch bekannt als Erwachsenenbildung) und das höhere Alter (die sog. Geragogik) und, dass es tatsächlich die Möglichkeit gibt – zumindest an manchen Universitäten – sich auf ein bestimmtes Lebensalter zu spezialisieren.

Warum ich das alles erzähle hat folgenden Grund: Ich bin davon überzeugt, dass diese Disziplin in Zukunft immer mehr an Bedeutung gewinnen wird und, wie eine Professorin von mir geschrieben hatte, Pädagog*innen die neuen Generalisten seien und viel weniger Anstöße zu brauchen scheinen, um sich und ihr eigenes Handeln zu reflektieren (vgl. Friebertshäuser 2002). In einer Welt der Individualisten und Egoisten sind meiner Meinung nach, solche Menschen essenziell – gerade in beruflichen und unternehmerischen Kontext. Doch dazu mehr im Hauptteil.

Ich würde mir wünschen, dass diese Disziplin mehr an Reichweite gewinnt, aufgeklärt wird darüber, was der eigentliche Gegenstand ist – nämlich die gesamte Lebensspanne – und so mehr Menschen entdecken, welches Potenzial in ihr steckt, Menschen zu berühren und sie dazu zu bringen über sich und die Gegebenheiten der (sozialen) Welt nachzudenken. Vielleicht kann ich durch die Veröffentlichungen meiner Arbeiten ein klein wenig dazu beitragen und den oder die eine/n oder andere/n dabei helfen, diese Disziplin für sich zu entdecken.

Viel Freude und Erkenntnis beim Lesen!

Larissa C. Daub

Inhaltsverzeichnis:

1. Einleitung..4
2. Hauptteil..7
   2.1 Leader oder Manager?..7
   2.2 Was sind pädagogische Kompetenzen?..8
   2.3 Die allgemeinen Kompetenzen einer Führungskraft und ihr
       pädagogischer Anteil..11
   2.4 New Leadership - Ansätze und die Relevanz von pädagogischen
       Kompetenzen...13
   2.5 Warum das Pädagogik-Studium eine gute Grundlage für eine zukunftsorientierte
       Führungskraft bietet...15
3. Fazit..16

1. Einleitung

Im Verlauf des Studiums der Erziehungswissenschaften an der Goethe-Universität in Frankfurt ist es verpflichtender Bestandteil der Prüfungsordnung ein Praktikum in einer pädagogischen Einrichtung, bzw. in einer Einrichtung zu absolvieren, bei der sich ein pädagogischer Bezug zur Arbeit herstellen lässt. In meinem Fall habe ich mich für letzteres entschieden, weshalb es nun einer kurzen Begründung meiner Wahl bedarf: Die Goethe-Universität ist eine der wenigen Hochschulen in Deutschland, bei der es möglich ist, sich auf die sog. „Pädagogik der Lebensalter" zu spezialisieren. Zur Auswahl stehen somit Kindheit, Jugend, Erwachsenenalter und höheres Alter. In meinem Fall habe ich dafür entschieden, mich auf das Erwachsenenalter und höhere Alter zu fokussieren (Erwachsenenbildung), da ich zuvor zwei Semester lang Lehramt an der TU Kaiserslautern studiert habe und mir relativ schnell bewusst wurde, dass mich die Arbeit mit Kindern und Jugendlichen weniger reizt, als die beruflichen Möglichkeiten, die sich im erwachsenenpädagogischem Spektrum für mich ermöglichen. Hier stoß ich auf Stichworte wie: Persönlichkeitsentwicklung, Personal- und Führungskräfteentwicklung, (Organisations-) Beratung, (systemisches) Coaching und viele weitere. Gerade Wirtschaftsunternehmen sind aufgrund der sich stetig wandelnden Arbeitswelt, auf innovative, kreative und flexible Mitarbeiter und Führungskräfte angewiesen. Dies zu ermöglichen ist die Aufgabe von Personal-, bzw. Führungskräfteentwickler*innen und/ oder Unternehmensberater*innen, die meist einen betriebswirtschaftlichen, psychologischen oder eben auch pädagogischen Hintergrund haben. Durch strukturierte Entwicklungsmaßnahmen, Fortbildungen und Coachingprozesse, wird versucht die Ressourcen, Fähigkeiten und Kompetenzen der Mitarbeiter und Führungskräfte zu erhalten, zu verbessern und/ oder zu ergänzen, um so die Unternehmensziele erreichen zu können. Die Themen dieses Feldes begeisterten mich, sodass ich entschied mein erstes Pflichtpraktikum in einem Unternehmen zu absolvieren. Innerhalb kurzer Zeit fand ich eine passende Stelle in der Personalabteilung/ Human Resources-Bereich (Im Folgenden benannt als HR-Bereich) einer Tochtergesellschaft eines großen deutschen Unternehmens.

Das Anfang 2016 durch die Verschmelzung zweier bereits bestehenden Logistikunternehmen des Großkonzerns entstandene mittelständige Unternehmen, ist auf die Automobil- und Holzlogistik spezialisiert und hat seinen Sitz im Raum Frankfurt. Der HR-Bereich umfasst sieben Mitarbeiter*innen. Es gibt eine Leiterin des HR-Bereichs und eine Personalentwicklerin, die erst vor knapp zwei Jahren speziell dafür eingestellt wurde. Die restlichen Mitarbeiter*innen sind für das Personalmarketing, -management und die -betreuung zuständig. Sowohl im HR-Bereich, als auch in den anderen Abteilungen handelt es sich hauptsächlich um nicht-pädagogische Mitarbeiter*innen. Die einzige Mitarbeiterin mit pädagogischem Hintergrund, die mir bekannt war, ist die soeben erwähnte Personalentwicklerin, da es in den restlichen Abteilungen eher um betriebswirtschaftliche, logistische und informatische Themen geht.

Die Stellenausschreibung des Praktikums war von den Aufgabenbereichen sehr allgemein gehalten, weshalb ich mich bei dem persönlichen Interview erkundigte, ob es möglich sei, während des Praktikums Einblicke in die Personalentwicklung zu erhalten. Dies wurde mir bestätigt und ich durfte einen Großteil meiner Tätigkeiten als Praktikantin an Personalentwicklungsmaßnahmen mitarbeiten. Die Bürosituation war so gestaltet, dass sie es mir ermöglichte täglich mit vielen verschiedenen HR-Themen in Verbindung zu kommen. Ich saß in einem großen Büro mit 3 Kolleginnen, wodurch der direkte Austausch und die spontane Unterstützung von beiden Seiten möglich war. Direkt gegenüber von mir saß die Personalentwicklerin, mit der ich hauptsächlich zusammenarbeitete. Dies war jedoch aufgrund ihrer hohen zeitlichen Auslastung und der engen Terminplanung nicht immer möglich, sodass ich zwischendurch oft die anderen Mitarbeiterinnen bei Recruiting-Maßnahmen, Datenpflege und operativen Aufgaben, wie Zeugniserstellung, das Schreiben von Beschlussvorlagen für den Betriebsrat usw. unterstützte. Letztere haben jedoch in meinen Augen kaum pädagogischen Bezug, da es bei diesen Aufgaben keine persönliche Interaktion mit den Mitarbeiter*innen gibt und diese auch nicht in erster Linie der Entwicklung derer dienen. Zudem durfte ich die HR-Partnerin bei Jobinterviews und Betriebsratssitzungen begleiten und erhielt somit gute Einblicke in die Struktur des Unternehmens. Besonders begeistert haben mich die konzeptionellen Aufgaben der Personalentwicklung, da ich hier zum einen kreativ arbeiten konnte und zum anderen einen pädagogischen Bezug und einen Mehrwert für meinen zukünftigen Berufsweg gesehen habe. Ich sollte beispielsweise ein Merkblatt für neue Führungskräfte erstellen oder kleinere Lerninhalte für Mitarbeiter graphisch darstellen. Insgesamt würde ich sagen, dass mir in dem Praktikum ermöglicht wurde Verantwortung zu übernehmen und einen breitgefächerten Überblick über das Tagesgeschäft im HR-Bereich zu erhalten.

In einem für mich komplett ungewohnten Umfeld bleiben kleinere Konflikte und Herausforderungen natürlich nicht aus. Gerade an die unausgesprochenen „Dos" und „Don´ts" innerhalb der Personalabteilung, die Kommunikation und die Umgangsformen musste ich mich erst gewöhnen. Das Ganze wurde jedoch offen angesprochen und bot mir dadurch die Gelegenheit mich selbst zu reflektieren und weiterzuentwickeln. Am Ende des Praktikums betonte die Leiterin der Personalabteilung, dass sie meine Art mit der anfänglichen Kritik umzugehen als sehr reif empfand und legte mir ans Herz dies beizubehalten, da es diesbezüglich oft Defizite gäbe. Dies bestätigte sich im Rückblick bei einigen Führungskräften, die anscheinend Probleme hatten mit Kritik an ihnen und ihrer Arbeit umzugehen. Es erschien mir so, als sahen sie diese eher als persönlichen Angriff, anstatt einer Möglichkeit sich selbst und ihre Art zu Arbeiten weiterzuentwickeln. Allgemein vernahm ich hin und wieder Aussagen meiner Kolleginnen, die darauf hindeuteten, dass die sozialen und emotionalen Kompetenzen der Mitarbeiter*innen, jedoch besonders die der Führungskräfte, ausbaufähig seien. Da dies – aufgrund von Erfahrungsberichten aus meinem Umfeld – kein Einzelfall zu seien scheint und die Persönlichkeitsentwicklung und das Reflektieren Schlüsselelemente der Pädagogischen Disziplin darstellen, möchte ich in der vorliegenden Arbeit der Frage nachgehen, welche Relevanz pädagogische Kompetenzen für die zukunftsorientierte Führungskraft haben.

Dazu werde ich zunächst in den ersten Kapiteln klären, welcher Führungscharakter dieser Arbeit zu Grunde liegt und was genau unter pädagogische Kompetenzen verstanden wird. Anschließend untersuche ich, was die allgemeinen gegenwärtigen und zukünftigen Kompetenzen einer Führungskraft sind, da sich mit Hinblick auf die Digitalisierung und den Demografischen Wandel auch hier einiges verändern wird und wie groß der Anteil der darin enthaltenen pädagogischen Kompetenzen ist. Das letzte Kapitel geht auf die Frage ein, warum gerade das Pädagogik-Studium eine gute Grundlage bzw. Voraussetzungen für eine erfolgreiche und zukunftsorientierte Führungslaufbahn bietet. Im gesamten Verlauf der Arbeit werde ich die Begriffe „Pädagogik" und „Erziehungswissenschaften" synonym verwenden. Zudem schließe ich alle Teilbereiche der Erziehungswissenschaften mit ein, wenn ich von „pädagogischen Kompetenzen" spreche, also vor allem auch die erwachsenenpädagogischen und wirtschaftspädagogischen Komponenten.

2. Hauptteil

2.1 Leader oder Manager?

In diesem kurzen einleitenden Abschnitt möchte ich zunächst ein gemeinsames Verständnis von dem Führungscharakter herstellen, den ich innerhalb meiner Arbeit adressieren werde. Die beiden Begriffe „Manager" und „Leader" werden häufig synonym verwendet, obwohl sie bei näherer Betrachtung – wie das folgende Schaubild zeigt – zwei zum Teil konträre Führungscharaktere bezeichnen:

Der Manager... (eher betriebswirtschaftlich orientiert)*	Der Leader... (eher pädagogisch orientiert)*
- verwaltet	- inspiriert
- rationalisiert	- innoviert
- kontrolliert	- vertraut
- akzeptiert den Status quo	- fordert den Status quo heraus
- setzt den Fokus auf Systeme und Strukturen	- setzt den Fokus auf den Menschen
- denkt kurzfristig	- denkt langfristig
- fragen nach Wie und Wann	- fragen nach Was und Warum (Hinterfragen)*
- macht die Dinge richtig	- macht die richtigen Dinge
- hat Untergebene	- hat Anfänger
- ist risikoscheu	- ist risikobereit
- schafft Kontinuität	- fordert Veränderung
- neigt zum Pessimismus	- neigt zum Optimismus
- imitiert eine andere Person	- erschafft ein Persönlichkeitsbild

Abb. 1: (Peters 2015, S. 13, Abb.1.2) *eigenen Ergänzung

Es handelt sich hierbei um theoretische Modelle, die in der Praxis wahrscheinlich selten in der oben dargestellten Reinform anzutreffen sind. Jedoch können diese eine gute Orientierung bieten, um sich bewusst zu werden, mit welchem Charakter ich mich als angehende oder bereits bestehende Führungskraft identifizieren möchte und mit welchem Modell ich glaube, die gegenwärtigen und zukünftigen Herausforderungen am ehesten bewältigen zu können. Auch wenn die Zuordnung des Managers zum Betriebswirtschaftlichen und die des Leaders zum Pädagogischen plakativ und stigmatisierend erscheinen kann, legt jedoch gerade der Fokus auf dem Menschen, das Vertrauen und die Forderung zur Veränderung bei dem Führungscharakter des Leaders, sowie der Blick auf die allgemeinen Kompetenzen einer Führungskraft und der Anteil der darin enthaltenen pädagogischen Kompetenzen in den folgenden Kapiteln, diese Zuordnung nahe.

2.2 Was sind pädagogische Kompetenzen?

Um einschätzen zu können wie ausgeprägt die pädagogischen Kompetenzen innerhalb der allgemeinen Kompetenzen einer Führungskraft sind, sollte zunächst geklärt werden, wie genau diese definiert werden, bzw. welche Art von Kompetenzen darunter zu fassen sind.

Im Folgenden werde ich die allgemeinen und auch einige erwachsenenpädagogisch spezifische Kompetenzen skizzieren, um ein einheitliches Verständnis zu ermöglichen, wenn im weiteren Verlauf die Rede von „pädagogischen Kompetenzen" ist.

Mir ist darüber hinaus bewusst, dass jegliche Arbeit - sowohl pädagogisch, als auch nicht-pädagogisch – die menschliche Interaktion beinhaltet ein hochkomplexes Unterfangen ist, welches verschiedenste Formen von sozialen, emotionalen und weiteren Kompetenzen beansprucht. Die folgende Liste wird – um die Komplexität dieses Themas etwas zu reduzieren – kein allumfassendes und vollständiges Kompetenzprofil für jeden einzelne pädagogische Tätigkeit darstellen.

Ausgangspunkt der Zusammenstellung wird die 2002 nach Friebertshäuser zitierte Rahmenordnung für die Diplomprüfung im Studiengang Erziehungswissenschaften sein (Punkte 1-3), die ich durch vier weitere Kompetenzen ergänzt habe, die meiner Meinung nach ebenfalls dazu zählen und zum Teil Grundvoraussetzungen für die pädagogische Arbeit darstellen:

1. **Wahrnehmen, Erkennen, Diagnostizieren**
    - Wahrnehmung der beruflichen Handlungssituation als soziale und pädagogische Interaktion
    - Wahrnehmung und Diagnose der aktuellen und psychosozialen Situation und Befindlichkeit der Interaktionspartner
    - Wahrnehmung und Erkenntnis des Hineinwirkens sozialer Strukturen in beruflichen Handlungssituationen
2. **Kooperieren, Interagieren**
    - Erwerb von Interaktionsmustern zur Herstellung von klarer Beziehung zu Personen und Sachthemen
    - Reflektiere Verfügung über Rollenhandeln
    - Verständnis für fremde Lebenswelten
    - Adressatenspezifische erweiterte Sprachkompetenz und Sprachperformanz
    - Fähigkeit zur Metakommunikation als Mittel zur Bewältigung von Kommunikations- und Interaktionsschwierigkeiten
3. **Reflektieren, Überprüfen, Evaluieren, Kritisieren**
    - Wissenschaftlich fundierte Reflexionsfähigkeit: Differenz von Alltagswissen und wissenschaftlicher Erkenntnis; Verpflichtung auf Rationalität, Objektivität und Wahrhaftigkeit
    - Selbstreflexivität als Einordnung der eigenen Situation in gesellschaftliche, historische und geistig-kulturelle Zusammenhänge
    - Erprobung von Verfahren der Evaluation professionellen Handelns
    - Fähigkeit und Bereitschaft zur Kritik: Differenzierte Analyse und begründete Entscheidung für einen Wertbezugsrahmen als Grundlage für fundiertes Urteilen
    (vgl. KULTUSMISTERIUMSKONFERENZ/ WESTDEUTSCHE REKTORENKONFERENZ 1989: Rahmenordnung für die Diplomprüfung im Studiengang Erziehungswissenschaft, S. 53f. zit. Nach Friebertshäuser 2002, S.144f.)
4. **Beraten/ Begleiten**
    - Zum Beispiel im Sinne des Konzeptes der Lernbegleitung nach Rolf Arnold
5. **Achtsamkeit**
    - „Fähigkeit sich von den Ablenkungsmechanismen der eigenen Seele nicht beständig aus der inneren Balance kippen zu lassen" (Arnold 2014, S.31)
6. **Spiritualität**
    - „Ausdruck einer tief durchspürten Einstellung zum Leben" (Arnold 2014, Vorwort)
7. **Offenheit**
    - Zum Beispiel: Veränderungsbereitschaft

Die drei ersten Punkte sollten durch die kurze, untenstehende Ausführung klar sein. Die Stichworte **Beraten und/oder Begleiten** sind insbesondere im Teilbereich der Erwachsenenpädagogik anzutreffen, da dort zunehmend die Lernenden in den Vordergrund gerückt werden und der „Lehrer" oder Berater nur noch eine Nebenrolle spielt (vgl. Arnold 2018, S. 159 f.). Zudem beinhalten viele erwachsenen- und wirtschaftspädagogischen Tätigkeiten, im mehr oder weniger großen Umfang das

Beraten und Begleiten von Lernenden, wie zum Beispiel die Personal- und Führungskräfteentwicklung, die Unternehmens- und Familienberatung.

Die Begriffe *Achtsamkeit und Spiritualität* sind noch relativ „unpopulär" in diesem Zusammenhang, was wahrscheinlich mitunter an der Schwierigkeit liegt diese Kompetenzen richtig zu „erfassen" und zu definieren. Auf diese Kompetenzen macht jedoch vor allem Professor Dr. Dr. h.c. Rolf Arnold (TU Kaiserslautern) immer wieder in seinen Büchern zu den Themen Personal-, Führungskräfte-, und Organisationsentwicklung aufmerksam. Arnold bezieht diese Kompetenzen zwar hauptsächlich auf die Führungskräfte direkt, jedoch stellen diese Kompetenzen dar, die bei jeder pädagogischen Arbeit sinnvoll erscheinen.

Die **Achtsamkeit** ist der Selbstreflexion recht nahe. Wobei sie bereits präventiv, also bevor eine bestimmte Situation oder Handlung eintritt zum Tragen kommt und somit unüberlegtes, durch in uns verankerte emotionale Muster, (vor allem in professionellen Kontexten) unangebrachtes Verhalten zu verhindern versucht. Die Selbstreflexion wird meist eher retrospektiv angewendet, also wenn eine Situation, Handlung oder Äußerung bereits vollzogen ist. Die fehlende Achtsamkeit und Selbstreflexion sind meines Erachtens zwei der auschlaggebenden Punkte an der im **Praktikum** geübten Kritik an den Führungskräften. Ein passendes Beispiel hierfür ist, dass es zwischen einer Führungskraft in der Abteilung Controlling und eine seiner Mitarbeiterinnen immer wieder zu Konflikten kam. Grund hierfür sei, laut der Mitarbeiterin, das Auftreten und die Kommunikationsweise dieser Führungskraft gewesen. Die Situation schien für die Mitarbeiterin auf Dauer so unerträglich, dass sie entschied zu kündigen und das Unternehmen zu verlassen. Laut der Personalentwicklerin hatte diese jedoch stets eine sehr gute Arbeit geleistet und hat sowohl das Team, als auch das Unternehmen bereichert. Wie es sich im Nachhinein herausstellte, verließ die Mitarbeiterin das Unternehmen, ohne, dass sich die Führungskraft persönlich von ihr verabschiedet, noch sich bei ihr für die sehr gute, langjährige Arbeit im Team bedankt hatte. Diese Situation hätte durch stetige Selbstreflexion der Führungskraft respektvoller gelöst, oder sogar komplett vermieden werden können. Persönliche Konflikte sind im Unternehmensalltag hinderlich und können – wie das Beispiel zeigt – zu unnötigen Verlusten an zeitlichen, mentalen und personellen Ressourcen des Unternehmens führen. Auch wenn sich diese wahrscheinlich nicht vollständig vermeiden lassen, kann man diese jedoch durch stetige Achtsamkeit und (Selbst-) Reflexion vermindern. Die **Spiritualität** wird in diesem Zusammenhang eher nüchtern betrachtet. Es geht zum

Beispiel darum Anerkennung ausdrücken zu können, verzeihen und loslassen zu können, nachgeben und nachsetzten zu können und vor allem Energie ausdrücken und verbreiten zu können, was gerade bei der Motivation von Mitarbeitern essenziell ist. Die letzte und eine persönliche Ergänzung von mir, ist die **Offenheit**. Gerade im Praktikum ist mir immer wieder aufgefallen, dass notwendige Veränderungsprozesse durch starre und festgefahrene Denkweisen verhindert wurden – sowohl auf der Organisationsebene, als auch auf der Ebene des einzelnen Mitarbeiter und der Führungskräfte. Sie ist eine Grundvoraussetzung für die erfolgreiche Arbeit von zukunftsorientierten Führungskräften, da sie u. A. die Existenz vieler weiterer notwendiger Kompetenzen – wie zum Beispiel die Veränderungsfähigkeit – bedingt. Arnold empfiehlt sogar professionellen Beratern vor Beginn eines Auftrages einen sog. „Openess-Check" (Arnold 2018, S.33) mit dem jeweiligen Unternehmen durchzuführen und falls davon nicht mindestens vier der sieben Items positiv beantwortet wurden, Abstand von dem Auftrag der externen Veränderungsberatung zu nehmen. (vgl. ebd.). Dies zeigt wie elementar diese Eigenschaft ist und dass sie die Grundlage für viele Entwicklungsprozesse und die Herausbildung von sozialen und emotionalen Kompetenzen ist, die in jeglichen pädagogischen Kontexten gebraucht werden.

2.3 Die allgemeinen Kompetenzen einer Führungskraft und ihr pädagogischer Anteil

Neben den betriebswirtschaftlichen, organisatorischen und den jeweiligen vom Betrieb und der Abteilung abhängigen fachlichen Kompetenzen, über die eine Führungskraft verfügen muss, liegt ihre Hauptaufgabe in der Regel im Führen von Mitarbeitern. Führung wird hier als „zielbezogene Beeinflussung von Unterstellten, durch Vorgesetzte, mit Hilfe der Kommunikationsmittel" (von Rosenstiel 2014) verstanden.

Leo Peters veranschaulicht dazu in einer Tabelle in seinem Buch von fünf verschiedenen Autoren erstellte Kompetenzkataloge für Führungskräfte. Diese habe ich für die vorliegende Arbeit zu einem einheitlichen Kompetenzkatalog zusammengefasst und zusätzlich in „pädagogische" und „weitere Kompetenzen" unterteilt:

Davon pädagogische Kompetenzen	Weitere Kompetenzen
1. Kommunikationsfähigkeit	21. Schlagfertigkeit
2. Dialogfähigkeit	22. Initiativfähigkeit
3. Integrationsfähigkeit	23. Schöpferische Fähigkeit
4. Lehrfähigkeit	24. Delegationsfähigkeit
5. Konfliktlösungsfähigkeit	25. Organisationsfähigkeit
6. Kooperationsfähigkeit	26. Zielorientierung
7. Mitgefühl/ Empathie	27. Durchsetzungsfähigkeit
8. Anpassungsfähigkeit	28. Disziplin
9. Teamfähigkeit	29. Verhandlungsgeschick
10. Problemlösungsfähigkeit	30. Entscheidungsfähigkeit
11. Motivationsfähigkeit	31. Strategisches Denken
12. Veränderungsfähigkeit	32. Networking Skills
13. Lernfähigkeit	33. Taktisch und technische Kompetenzen
14. Selbsteinschätzung/ Selbstreflexion	34. Repräsentativ
15. Selbstständige Verbesserung/ (Persönlichkeitsentwicklung)	35. Verantwortung
16. Analytische Fähigkeit	
17. Beratungsfähigkeit	
18. Leidenschaft	
19. Charisma	
20. Visionen	

Abb.2: Eigene Darstellung

Die Kompetenzen sind hierbei nicht nach ihrer Bedeutsamkeit aufgelistet, jedoch fällt auf, dass mehr als 50% der Kompetenzen von Führungskräften mit den Kompetenzen von Pädagogen übereinstimmen. Fast alle oben aufgeführten pädagogischen Kompetenzen, weisen eine starke Verbindung zu den pädagogischen Kompetenzen aus der Rahmenordnung der Diplomprüfung auf. Sie gehen zum Teil Hand in Hand, wie zum Beispiel die Teamfähigkeit ohne kommunikative Kompetenzen und Selbstreflexion nicht möglich ist oder die Problemlösungsfähigkeit die Bereitschaft zur Kritik voraussetzt. Die Leidenschaft und das Charisma sind vermutlich nicht auf den ersten Blick als pädagogische Kompetenzen zu erkennen. Es macht jedoch Sinn sie als solche hinzufügen, da sie durchaus einen wichtigen Teil der Metakommunikation darstellen und sich aus der Spiritualität ergeben können. Visionen gründen wiederum auf einer tiefsinnigen Einstellung zum Leben, die durch die Spiritualität ermöglicht wird, weshalb sie ebenfalls einen Teil der pädagogischen Kompetenzen gesehen werden können. Gemeinsam ist allen eine gewisse Grundoffenheit, die vorausgesetzt wird, ohne die Veränderung und somit auch Verbesserung und Fortschritt nicht möglich ist. Weder auf der persönlichen Ebene, noch auf der Organisationsebene.

2.4 New Leadership - Ansätze und die Relevanz von pädagogischen Kompetenzen

Beim Betrachten von neuen Führungsansätzen fällt auf, dass fast alle von diesen Ansätzen in eine bestimmte Richtung gehen: vor allem die Selbstorganisationsfähigkeit der Mitarbeiter und die Stärkung der Persönlichkeit und der kommunikativen, sowie medialen Mittel und Kompetenzen der Führungskräfte stehen hier im Fokus, da „Führungskräfte [...] über verschiedene Standorte hinweg mit einer zunehmend heterogenen Gruppe von Mitarbeitern kommunizieren und klarkommen (müssen). Und gleichzeitig muss Führung die Generationen- und Kulturunterschiede im Umgang mit den Technologien berücksichtigen" (Lippold 2019, S. 23).

So beschäftigt sich zum Beispiel der **Super Leadership-Ansatz** damit, dass es Führungskräften (in diesem Fall einem „Super Leader") gelingt, aufgrund der zunehmenden Dezentralisierung der Arbeitswelt, ihre Mitarbeiter zum sog. „Self Leadership" zu motivieren, also zur Selbstführung durch flexiblere Rahmenbedingungen. Es geht darum den Mitarbeitern Freiräume zu lassen und ihnen zu vertrauen, dass sie in der Lage sind sich selbst zu organisieren. (vgl. Lippold 2019, S.30 f.)

Ähnliche Grundprinzipien beinhaltet auch die **systemische Führung**. Sie geht jedoch noch einen Schritt weiter: Denn ist bei den meisten New Leadership- Ansätzen noch das steuernde Eingreifen von Führungskräften vorgesehen, so agiert die Führungskraft bei der systemischen Führung lediglich als Impulsgeber (vgl. Lippold 2019, S.35). Auch hier liegt der bedeutendste Teil der Führung in der Kommunikation. Durch gezielte Gesprächsführung soll den Mitarbeitern neue Perspektiven aufgezeigt werden, aufgrund dieser sie sich wieder selbst organisieren können. Mithilfe von speziellen „systemischen Fragen" kann von der Führungskraft ertastet werden, in welche Richtung die jeweiligen Wertzuschreibungen und Bedeutungen zu einem bestimmten Thema bei den einzelnen Mitarbeitern gehen. „Die Systemische Führung liefert keine einfachen Lösungen in Form von Handlungsanweisungen" (Lippold 2019, S. 25), ermöglicht jedoch aber dadurch eine wesentlich größere Potenzialentfaltung der einzelnen Mitarbeiter.

Bei der **virtuellen Führung** (auch E-Leadership), also dem Führen mit neuen Medien (vgl. Lippold 2019,S. 35), geht es darum das Führen aus der Distanz durch Aufbau und Erhalt von Vertrauen, die „richtige" Auswahl und Entwicklung der Führungskräfte und durch Beziehungen und den Ausbau kommunikativer Fähigkeiten wirkungsvoll zu gestalten. Hierzu zählt zum Beispiel auch die Beratung als wichtiger Bestandteil der Führung aus der Distanz. Zudem ist virtuelle Führung „ein sozialer Einflussprozess, der durch Medien vermittelt, um Veränderungen in Einstellungen, Emotionen, dem Denken und Verhalten und/ oder der Leistung von Individuen, Gruppen und/ oder Organisationen zu erreichen." (vgl. Lippold 2019, Abb. 3.2, S. 37). Als neuer und zentraler Aspekt kommt hier die **Medienkompetenz** hinzu (vgl. ebd., Abb. 3.3, S.37), die aufgrund der fortschreitenden Digitalisierung in kaum einem Bereich der Arbeitswelt mehr wegzudenken ist. Auch hier scheint eine pädagogische Fundierung sinnvoll zu sein, da aufgrund der fachlichen und thematischen Nähe zur Didaktik – die sich als Lehre vom Lehren und Lernen, auch mit digitalen Medien im Lehr-Lern-Prozess auseinandersetzt – immer mehr sowohl die theoretische, als auch die praktische Auseinandersetzung mit digitalen Medien ermöglicht wird.

Darüber hinaus gibt es noch weitere New Leadership-Ansätze, wie zum Beispiel die **Agile Führung** (vgl. Lippold 2019, S. 33), dessen Grundsätze und Methoden in vielen Unternehmen schon mehr oder weniger stark eingesetzt werden. Wie häufig gibt es in der Praxis wohl nicht „die eine richtige" Art zu führen. Jedoch liegt der Fokus all dieser Ansätze auf der Entwicklung der sozialen, emotionalen und kommunikativen Kompetenzen der Führungskräfte und der Ermöglichung der Selbstorganisationsfähigkeit der Mitarbeiter, was sich nicht zuletzt durch die aus der Globalisierung ergebene Notwendigkeit ergibt, mittels neuen Medien über Länder und Kontinente hinweg zu kommunizieren und miteinander zu arbeiten. Es scheint so, als könnte eine an der jeweiligen Situation und Abteilung angepasste Mischung aus allen Konzepten, am ehesten in der Praxis funktionieren: Die Führungskraft muss also (ähnlich wie bei dem Konzept der Lernbegleitung, bei der der Lerner über zahlreiche Methoden zu lernen verfügt), über die jeweiligen Führungsmethoden und -Stile verfügen und die für ihn in der jeweiligen Situation am geeignetsten erscheinende Methode einsetzen.

2.5 Warum das Pädagogik-Studium eine gute Grundlage für eine zukunftsorientierte Führungskraft bietet

Es gibt einige gute Gründe ein erziehungswissenschaftliches Studium einzuschlagen, wenn zum Beispiel eine Tätigkeit im Bereich der Personal-, Führungskräfte und Organisationsentwicklung und/ oder vor allem selbst eine Führungslaufbahn angestrebt wird. Einige dieser Punkte wurden in den vorangegangenen Kapiteln bereits erwähnt, jedoch sollen diese hier nochmals gebündelt und übersichtlich aufgelistet werden:

1. Die „Erziehungswissenschaft als reflexive Disziplin" (Ziegler 2013, S. 22)
   - (selbst-) reflexives Handeln wird früh geübt und verinnerlicht
2. Möglichkeit der theoretischen und praktischen Auseinandersetzung mit digitalen Medien durch die Nähe zur Didaktik
   - Erwerb von Medienkompetenzen
3. Sensibilisierung für gesellschaftliche Phänomene, Kulturen, Religionen, Gruppen, sowie unterschiedliche Denk- und Lebensweisen.
   - Stärkung der sozialen und emotionalen Kompetenzen >wichtig auch in Bezug auf Globalisierung und Demographischer Wandel im unternehmerischen Kontext
4. Mehr interaktive Seminare, als in den naturwissenschaftlichen und technischen Studiengängen (hier überwiegend frontalunterrichtliche Vorlesungen)
   - Kooperationsfähigkeiten, Kommunikationsfähigkeiten etc. können geübt und gestärkt werden
5. Interdisziplinärer Studiengang: großer Einfluss von psychologischen und soziologischen Ansätzen
   - Etwas über seine eigene Psyche lernen und wie Menschen im Allgemeinen „ticken"
   - Situationen und Phänomene werden aus verschiedenen Blickwinkeln betrachtet
6. Lehren und Lernen als zentrale Begriffe der Erziehungswissenschaften
   - Unternehmen und ihre Mitarbeiter müssen ständig lernen (Stichwort: Lebenslanges Lernen) um marktfähig zu bleiben
   - Die Erziehungswissenschaft beschäftigt sich damit, wie Menschen lernen, wann lernen gelingt und wie optimale Voraussetzungen für das Lernen von Menschen geschaffen werden können
7. Frühes und intensives Auseinandersetzen mit Persönlichkeitsentwicklung
   - U.A. wichtig um flexibel und innovativ zu bleiben

Gerade der erste und letzte Punkt sind ausschlaggebend: Die frühe Auseinandersetzung mit (Selbst-) Reflexion und Persönlichkeitsentwicklung ist „wichtiger", als die betriebswirtschaftlichen Kenntnisse einer zukunftsorientierten Führungskraft, da an sozialen, emotionalen und kommunikativen Kompetenzen meist das Leben lang gearbeitet werden muss und es mit den Jahren immer schwieriger wird festgefahrene Muster zu durchbrechen oder zu verändern. Betriebswirtschaftliches Wissen kann häufig auch im Verlauf und durch die Ausübung der Tätigkeit, also durch Berufserfahrung oder in Weiterbildungen erworben werden. Für Friebertshäuser scheinen nämlich Erziehungswissenschaftler „viel weniger Anstöße von außen zu benötigen, um das eigene Handeln unter die Lupe zu nehmen." (Friebertshäuser 2002, S.141) und, dass aus Selbstreflexion zugleich neue Denkanstöße entstehen können (vgl. Friebertshäuser 2002, S.141). Welche unabdingbar sind, gerade als zukunftsorientierte/s Unternehmen und Führungskraft. Darüber hinaus sind soziale Kompetenzen strategische Erfolgsfaktoren, denn sie bilden die Grundlage für die „Fähigkeit mit anderen Menschen effektiv zusammenzuarbeiten und durch andere Menschen zu wirken. Dazu gehört nicht nur eine grundsätzliche Kooperationsbereitschaft, sondern auch die Fähigkeit das Handeln anderer Menschen zu verstehen und sich in sie hineinzuversetzen" (Ziegler 2013, S.27 f.)

3. Fazit

Zusammenfassend kann festgehalten werden, dass mehr pädagogische Anteile in den Kompetenzen einer Führungskraft vorhanden sind, als man zunächst vermuten würde und somit durchaus gesagt werden kann, dass es sich bei Führung im zukunftsorientierten Sinn, um eine pädagogische Arbeit handelt. Der Blick in die Zukunft – nach dem Motto „Nichts ist so beständig wie der Wandel" (Heraklit) – bestätigt die Annahme, dass Menschen und Organisationen sich ständig weiterentwickeln und lernen müssen und somit die pädagogischen Kompetenzen im unternehmerischen Kontext an Relevanz gewinnen werden und auch müssen. Als zukunftsorientierte Führungskraft ist es meine Aufgabe mich und meine Mitarbeiter durch den Wandel zu führen, doch dafür muss ich selbst mit Kritik umgehen können und offen für Veränderungen sein. Gute Voraussetzungen dafür schafft die Pädagogik als reflexive Disziplin und ihren Anstößen sich früh mit der Entwicklung seiner Persönlichkeit auseinanderzusetzen. Dies wird es mir als Führungskraft erleichtern, mich Herausforderungen und Veränderungen zu stellen und einen respekt- und vertrauensvollen Umgang mit meinen Mitarbeitern und Kunden zu pflegen, unabhängig von Herkunft, Kultur, Glaubensgesinnung, sowie politischen und sexuellen Orientierung.

Das Praktikum hat mir sehr geholfen, meine Relevanz als Erwachsenenpädagogin in diesem Bereich und für die Zukunft abschätzen zu können. Mich hat es sehr positiv überrascht, dass ich bereits in den 3 Monaten Praktikum sehen konnte, wie pädagogische Ansätze zunehmend in Betrieben eingesetzt werden und auch in Stellenausschreibungen bewusst Erziehungswissenschaftler adressiert werden. Die Wahl meiner Spezialisierung auf ein bestimmtes Lebensalter stand zwar schon vor Beginn meines Studiums fest, das Praktikum und die Reflexion haben mich jedoch nochmals in meiner Entscheidung bestärkt und bestätigt.

Literaturverzeichnis:

Arnold, R. (2018). Das kompetente Unternehmen: Pädagogische Professionalisierung als Unternehmensstrategie. Springer Fachmedien. Wiesbaden.

Arnold, R. (2015). Leadership by Personality: Von der emotionalen zur spirituellen Führung-Ein Dialog. Wiesbaden: Springer Fachmedien.

Friebertshäuser, B. (2002). ErziehungswissenschaftlerInnen: die neuen Generalisten?. In Erziehungswissenschaft: Professionalität und Kompetenz (pp. 141-161). Wiesbaden: VS Verlag für Sozialwissenschaften.

Lippold, D. (2019) Führungskultur im Wandel: Klassische und moderne Führungsansätze im Zeitalter der Digitalisierung. Wiesbaden: Springer Fachmedien.

Peters, T. (2015). Leadership: Traditionelle und moderne Konzepte mit vielen Beispielen. Wiesbaden: Springer Fachmedien.

von Rosenstiel, L., Regnet, E., & Domsch, M. E. (2014). Führung von Mitarbeitern: Handbuch für erfolgreiches Personalmanagement. Stuttgart: Schäffer-Poeschel.

Ziegler, V. (2013). Pädagogische Kompetenzen in Führungspositionen der Wirtschaft: eine qualitative Untersuchung von Führungskräften mit pädagogischem und betriebswirtschaftlichem Hintergrund in Managementfunktionen. Hochschulschrift: Frankfurt (Main), Univ., Diplomarbeit.

Über die Autorin

Larissa Daub, Studentin der Erziehungswissenschaften an der Johann Wolfgang von Goethe Universität in Frankfurt am Main. Spezialisierungen auf Erwachsenenbildung, Führungskräfteentwicklung und Geragogik. 2019 Praktikantin in der HR-Abteilung/ Personalentwicklung eines großen deutschen Unternehmens und zertifizierte systemische Lernbegleiterin (Institut Systhemia).

Du hast Fragen oder Feedback oder möchtest eine persönliche Beratung zu den Themen Studium & Hausarbeiten?

Dann schreibe mir gerne eine Mail.

> **larissa.daub@outlook.com**

Folge mir auch gerne auf YouTube & Instagram!

> Youtube: **Larissa Daub**
> Instagram: **@larissa.c.daub**

Kommende Veröffentlichungen:

Kommende Veröffentlichungen:

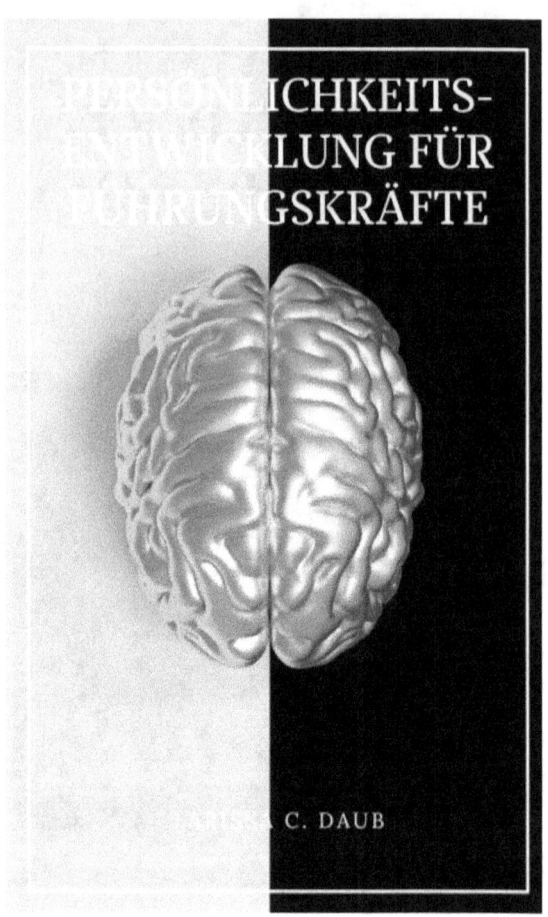

Danke fürs Lesen!

Impressum:

Larissa Daub

Breitlacherstrasse 26

60489 Frankfurt

Logo & Buchcover erstellt mit Canva

1. Dieses Dokument dient Ihnen nur als Wissensquelle und Hilfestellung.
2. Sie dürfen dieses Dokument nicht als Ihre eigene Arbeit ausgeben und nicht weiter veröffentlichen. Setzen Sie auf keinen Fall Ihren Namen unter oder über den Text!
3. Das Dokument darf nicht von Ihnen an dritte weitergegeben werden. Sie dürfen es nicht auf weiteren Webseiten, Tauschplattformen oder Foren anbieten – auch nicht kostenlos!
4. Kopieren Sie keine weiteren ganzen Sätze, Seiten oder Graphiken aus dem Dokument heraus, um diese Teile dann in Ihre eigenen einzubauen, dies ist eine Urheberrechtsverletzung (Plagiat). Sie müssen Ihre eigene Arbeit schreiben.
5. Dieses Dokument unterliegt dem Urheberrecht des Autors, welcher es hier zum Kauf zur Verfügung stellt.
6. Im Falle eines Zuwiderhandelns zu Punkt 2, 3 oder 4 drohen Ihnen Konsequenzen von mehreren Seiten (Autor, Betreiber, Hochschule, andere Verlage)
7. Verwenden Sie den Text zur Erweiterung Ihres Wissens, zur Kontrolle eigener Arbeiten, zur Erlangung neuer Sichtweisen, um verschiedene Lösungsansätze zu vergleichen.

www.ingramcontent.com/pod-product-compliance
Lightning Source LLC
Chambersburg PA
CBHW050308220526
45465CB00002B/877